우루목 비가悲歌

조종명 시집

교음사

조 종 명 曺鍾明

_ 경남 산청군 출생(1941)
_ 자(字) : 여선(汝善)
_ 호(號) : 율리(栗里) 월람(月嵐), 대천(大川)
_ 『농민문학』 등단(1992)
_ 산청문인협회, 경남문인협회 회원
_ 한국문인협회, 국제PEN한국본부 회원
_ 시집
  삼인시집 『녹색의 지표』(1960 강동주, 고재곤, 조종명)
  『소나무는 외롭지 않다』(2004)
  『긴 길에서 만난다』(2010)
  『우루목 悲歌』(2017)
_ 편저
  『산청군 문화재 편람』(2007)

自序

시론

잠들지 못 하는 사람은
시를 쓴다
문을 꼭 닫고 들어 누워도
칠십년은 먼 곳으로 가고 없고
머리맡 자리끼가 얼어 갈증 난 가슴만
답답하다
걸어 온 길과
보이는 것은 모두 어긋났다
대밭엔 푸드득 선잠 깬 까마귀 날아가고
은행나무 꼭대기 집을 얹은
까치가 쌓은 시간은
전설이 되어 덧없다
내 이름 석 자와 생몰일은
우리 집 족보에나 남겠지

− 정유 춘 만락재晩樂齋에서 조종명

| 우루목 비가悲歌 |

· 조종명 시집
· 차례

1. 남루襤褸한 일상

16 … 고사리를 꺾으며
17 … 그 나무 위에서
18 … 남루한 일상
19 … 달팽이처럼 살고 싶다
20 … 늦은 봄날
21 … 밤을 줍다가
22 … 망종芒種 무렵
24 … 손님을 기다리며 비로자나불 앞을 서성이다
25 … 저승 그리고 부끄러움
26 … 주사注射
27 … 퇴원 · 1
28 … 퇴원 · 2
29 … 퇴원 · 3
30 … 물방울이 떨어진다
31 … 소신공양燒身供養
32 … 심적사에서 나를 찾다
33 … 선비를 찾는 손님
34 … 신안암
35 … 안심료安心寮
36 … 이춘철 해설사에게
38 … 참깨 서 말

2. 우루목 비가悲歌

40 … 두려움이여
41 … 들바람꽃
42 … 우루목 비가悲歌
46 … 할아버지와 대아래 마을을 내려다 보았다
48 … 희미한 사진 한 장
50 … 오고 가는 것에 대하여
51 … 산에서 사는 법을
52 … 하늘 끝
53 … 아름다운 석양
54 … 대문이 세 개인 집
56 … 구워서 버린 죽창 앞에 서다
57 … 쓸쓸하다는 것에 대하여
58 … 진단여행震檀旅行

3. 눈사람은 어떻게 되었을까

68 … 눈사람은 어떻게 되었을까
69 … 원추리꽃
70 … 침묵의 섬
71 … 팔월이 가면
72 … 흐르는 것이 저와 같은데
73 … 공산 잠든 달
74 … 빈 잔
75 … 도솔산에 가서
76 … 맑은 날의 고독
77 … 무위사
78 … 바람 자는 날의 등불
79 … 봄 밤
80 … 기다림
81 … 분향焚香
82 … 송별회
83 … 아침 월포 포구
84 … 함박눈 경주
85 … 파도
86 … 마량리
87 … 다시 원추리 꽃에게

4. 가을 달빛

90 … 가을 달빛
91 … 북천 역사 근처
92 … 그날 밤 밤머리 재
93 … 꽃
94 … 눈 오는 날
95 … 다 안다
96 … 닫은 산문에서 길을 찾아
98 … 도전리
100 … 실매리
101 … 망초꽃 연가
102 … 눈을 맞는다
103 … 산
104 … 산에서 내려오는 가을
105 … 소금쟁이
106 … 스님 어디 계십니까
107 … 이명耳鳴
108 … 진눈깨비
109 … 짧은 이별 긴 만남
110 … 찔레꽃은 아직 피지 않았고
112 … 우송과의 60년

5. 만락재晩樂齋

114 … 만락재서晩樂齋序
116 … 아무 일 없이
117 … 한거閑居
118 … 귀가
120 … 거처
121 … 귀한 것
122 … 내가 사는 곳
123 … 넉자 부符
124 … 만가
125 … 문
126 … 봉제사奉祭祀
127 … 성못길
128 … 시정문時靜門 은행나무 독백
129 … 원근법
130 … 풀베기
132 … 풍경
133 … 탁영대濯纓臺에 올라

135 … 〈서평〉 강희근(시인, 경상대학교 명예교수)

1

남루襤褸한 일상

_ 고사리를 꺾으며
_ 그 나무 위에서
_ 남루한 일상
_ 달팽이처럼 살고 싶다
_ 늦은 봄날
_ 밤을 줍다가
_ 망종芒種 무렵
_ 손님을 기다리며 비로자나불 앞을 서성이다
_ 저승 그리고 부끄러움
_ 주사注射
_ 퇴원·1
_ 퇴원·2
_ 퇴원·3
_ 물방울이 떨어진다
_ 소신공양燒身供養
_ 심적사에서 나를 찾다
_ 선비를 찾는 손님
_ 신안암
_ 안심료安心寮
_ 이춘철 해설사에게
_ 참깨 서 말

고사리를 꺾으며

티끌 먼지가 날아 앉기 전의 새순은
모두가 보약이라 하나
생명을 뜯어먹은 업보로
약을 먹으며 여름을 맞아야 한다네
아들놈이 보약을 지어주며
손발이 차다고
따뜻한 저의 손으로 내 손을 잡는다
보약을 먹어야한다는 것은
죽음이 가까이 오고 있다는 것
생로병사를 누가 거역 하겠는가
산무더기 같은 업을 짊어지고
꺾어도 피어나는 고사리를 꺾는다
사는 것이
여관에 자고 가는 것 같단다

그 나무 위에서

나무 위에서
좀 불안한 위치에서 바라보이는 것은
물갈림이 구불구불한 능선
그 너머 천왕봉 쪽은 눈이 왔을 게다
회색 구름이 반원을 그리고 덮여있는 것을 보면

조금씩 불어오는 한기가
나무위에 걸려 있는 몸을 싸고 돈다
그 장대 그 망태 그 나무
백년을 따내어도 열리는 것
텅 빈 곳을 찔러 꺾어 내리는 일

비바람이 교차하며 한없이 시간은 가고
풀은 자라서 드러눕고 풀씨들은 다음 생을 위한
이주를 시작한다

눈이 온다는 소식이 멀리서 오면
손은 수확에 바빠
황망히 가지 사이를 헤맨다

남루한 일상

잡초는 끝도 없이 자란다
칡넝쿨 고사리 며느리미씨깨
제어하기 힘든 것은 부드러운 것이다
세월이 더께로 앉은 남루에 피땀이 번진다
쇠진한 체력이
너덜겅에 드러눕는다
칼날이 허공을 찢는다
위를 치고 중간을 치고
숨은 돌을 치고 어린 과일 나무를 치고
찌그러진 칼날을 땅땅 두드리다가
바위 위에 오똑 앉았다
밤잠을 못 이룬 것은 사치였구나
죽는 날까지 일할 수 있는 멍에가
저문 해 속에 내려앉는다
내일은 누이동생을 만나러 가야지
문득 허리가 쑤시고 오른쪽 팔이 결린다
오늘 하루가 가면
새날에 반갑게 만날 기약을 한다
적막 산중에서

달팽이처럼 살고 싶다

골마루의 첫째 아이가 말 하오
할아버지 안녕 하세요
체육관의 둘째 아이가 말 하오
할아버지를 부르며 달려오오
초등학교 마다 만나는 아이들이
할아버지를 부르오 혹은 고사리 손을 들어
내 손을 잡소
덕천서원 어린이 선비체험이 여러 해가 되었소
문득 두렵소

봉황새는 천 길을 날아도 서속黍粟을 쪼지 않는다지요
내 우물쭈물 살아가는 모습을
아이들은 자라면서 볼 텐데
둘둘 말아서 달팽이집에 들어가고 싶소

늦은 봄날

사립문도 없는 집
봄볕이 제 마음대로 들어왔다
개가 짖고 잇달아
오토바이 소리가 난다
매화 꽃잎이 흩어진다
바깥세상 일들이
일시에 쏟아져 들어온다

이윽고 새소리가 들린다

동창이 어두워지더니
남창이 밝다
논어 선진편을 읽는다
늦은 봄이 오면
기수에 목욕하고 무우에 바람 쐬고
시 읊으며 돌아오리라

밤을 줍다가

알밤을 줍다가 더워서
윗도리를 벗었다
천지가 너무 투명해 걸 데가 없다
말라가는 밤송이 들을 까며
쉴 틈이 없어도
아픈 허리를 죽 펴고
온 산을 들여 마신다
기심機心 버린 쇠잔한 몸이 밤나무처럼 말랐다
칼날 같은 능선을 바라보니
목이 컬컬하다
온 몸에 돋아나는 가려운 돌기
세월 다 잊고 눌러 앉은
바위와 이야기하는 잠간의 휴식
실핏줄 같이 자라나는 구름을 물들이며
문득 서쪽이 훤하다

망종芒種 무렵

산은 제 마음대로 푸르르고
그 속 어디쯤서 뻐꾸기가 운다
콩밭 두렁에 앉은 노인은
비둘기와 싸운다
새벽부터 울리던 이장네 집
감나무 농약 치는 전동기 소리 그치자
건너 마을 집들은 나무 그늘 속에서 나온다
먼 어느 마을에서 수탉이 목을 길게 뽑는다
감나무 잎이 간간히 흔들린다
문득 딱따구리가 아침때를 알린다
비둘기 세 마리가 살금살금 기어와 콩을 쫀다
깡통을 두드리는 소리가 골을 울린다
노인은 맹자 고자편告子篇을 읽다가
대막대를 두드린다
읍궁대泣弓臺 쪽에서 안개가 일더니
병산屛山을 다 덮어
초록색 바탕에 희게 환칠을 놓는다

* 泣弓臺 : 曺命勳(1763~1832)이 영조가 승하하자 이 대에 올라 3년 동안 궁궐을 향해 望哭했다 그래서 세상 사람들이 부른 대의 이름
* 屛山 : 우리집 건너편의 산 이름, 원래 이름이 없었다. 모양이 병풍 같아서 병산이라 부르기로 했다.

손님을 기다리며
비로자나불 앞을 서성이다

깨어진 석등 옥개석 하나 보이고
아침밥 짓는 연기는 미쳐
절 밖을 빠져 나가지 못하고 웅얼거린다
이슬 함초롬 맞고 엎드린 명옹대明翁臺
손님들은 어디 계시는가
늙어서 몸이 너무 상한 통일신라 석탑 앞으로
한 사람 두 사람
석조 비로자나불 앞에도 한 사람 두 사람
드디어 천명 대중을 먹인 맷돌 돌리는
풍경소리 따라
아득히 연기조사 법문 듣는다
삼층 좌대 높이 앉아 거신광을 지고 앉으신
비로자나 부처님은 적연부동
사람 바람 물이 합수져 만화담萬華潭을 돌아 간다
절은 내원사內院寺

저승 그리고 부끄러움

저승에 갔다가
염라대왕도 못 보고 왔다
칼끝에 드러누워
부끄러움도 존엄도 없고
은밀한 곳도 없이
깊게 침투한 세작細作을 색출하여
긁어내고 나서
이승으로 돌아왔다
저승 어구에서 전쟁을 끝내고
돌아 왔다
폭우로 잠겼던 나락 논에
물 빠진 것과 같아
상처만 남았구나
때때로 알약을 먹으며
부끄러웠던 날을
흔적 없이 지우는 일 뿐인가
지친을 염습하던 기억이 떠올라
바깥에서 초조히 기다리는
사람을 내가 걱정 하는구나

주사 注射

여섯 번을 대학병원 침대에 드러누워
주사를 맞는다
두어 시간을 뒹굴며 병의 뿌리와
시가전을 벌인다

수 많은 사람이 들락거리고
엉덩이에 태형 맞는 소리가
순라군 딱따기 소리처럼 멀어진다

그 시간 오세영의 시집
<마른 하늘에 치는 박수소리>를 읽었다

퇴원 · 1

발부터 내리고 서면
일어나기 좋다고
자식들이 침대를 사 보냈다
기거하는 법을 이제야 배운다
일어나고 눕는 자유
그것도 누리지 못하고
살아온 근 팔십 년
남루하게 풀어진 눈길로
사립을 내다보며
누가 오는가
기다린다

퇴원 · 2

방에서 마루로
왔다 갔다 한다
어디 비 오는 날이
오늘 뿐이던가
그저
마루에서 방을
들락거린다

퇴원 · 3

산중에는 달력이 없습니다
땅심을 향해 고개 숙인 벼 위로
하얗게 이슬 내리고
박무가 들을 덮으면
아 백로 절기구나
깨를 찍어낸 자리에 심은
배추 잎이 넓어지고
까마귀 먹을 것 찾아
길게 울며 날아간다
계절은 한로 상강으로
치달아가고 추위는
가슴을 감싸들어 한없는
유전流轉이 우리를 소한 대한으로
내몰아 가겠구나

물방울이 떨어진다

원지 시외버스 대합실
서울행 버스를 기다린다
진주 부산 방면 손님이
황급히 떠나고
고모님 상문하고 가는 아주머니는
장수행 버스를 기다린다
비는 그칠 무렵인가
안개가 희부옇게 깔린다
반 시간 앉아 있는 사이
무표정과 희노애락이
여객들의 얼굴에 스친다
긴의자 가에 세워둔
박쥐우산 날개 끝에서
물방울이 떨어진다
우주의 중력을 안고
가을 속으로 들어간다
서울행 버스가 도착한다
나도 떠난다

소신공양燒身供養

쪼그리고 앉아
군불을 땐다
상큼한 향을 내며 등걸이 탄다
체백體魄이 기화되어
비뚤 비뚤 원을 그린다
전신으로 번지는 팔열지옥八熱地獄
저 시퍼런 불길을 어이하랴
어울려서 활활 타 오르는 향연
온 몸이 다 타고나면
등을 붙이고 드러눕는
열반의 저녁이 오는 줄
뉘에게 올리는 공양인지 모르고
온 몸을 활활 태운다

심적사에서 나를 찾다

더는 말할 수 없이 적막한
심적사深寂寺에 갔더니
오백나한五百羅漢 중에 날 닮은 한분을
찾아 보란다
나이만큼 헤아려 가면
나를 찾을 수 있다는 말
어떻게 헤아려야 할지 몰라
멍하니 서 있는데
누군가 선생님 여기 있습니다 소리쳐
바라보니 시선은 멍하고 얼굴은 주름진
본래의 나를 여기 예비해놓고
칠십년을 헤매어 다녔던가
그 나한님의 이름은 모르지만
어느 날인가 다시 찾아올 때
오늘같이 뜨거운 여름날도 말고
너무 쓸쓸한 가을도 말고
송화가루 날리는 숲을 툫아
따스한 봄볕이 나한님과 앉아 있는 날
찾아오면 다시 만나겠습니까

선비를 찾는 손님

선비는 어디에 있는가
까치소리가
뜰 가운데로 내려앉는다
당산 마루 위로
하늘 찌르며 솟은 은행나무
경의당 마루에 앉아
안의고등학교 학생들을 기다린다
오늘의 선비는 누구며
무엇일까 그것이 알고 싶어
찾아온단다
연화봉 잣나무는 아는지
오백년 거리가 아득하여
헤매고 있는 나에게
묻겠다는데
어쩔 줄 모르겠네
까치들이 한바탕 울고 나서
찾아온 손님
그대들이 정녕 선비입니다

* 敬義堂 : 덕천서원의 강당

신안암

암자 앞에는 잡초가 누렇게
살고 있었다
스님 하고 부르니 둥근 눈으로 문을 반쯤 연다
신라 때의 전설 같은 늦여름 쓰르라미가
슬쩍 쉬다가 운다
신경관협착증과 같이 사는 그는
허리를 곧추 세우지 못하고 엉거주춤하다
차 끓이는 수고가 염려되어 들어서자 말자
찬물 한잔을 주문하고 맞절을 올렸다
내 몸은 대학병원에 기증했다 하고
말문을 연다
생로병사 중에 병은 빼면 어떠냐 하니
로가 곧 병 아니냐 한다
한 시간 쯤 영양가 없는 잡담을 나누다가
부처님 옆에 난 두 포기가 협시하고 있는
암자라고 하기보다 토굴 같은 집을 나왔다
칡넝쿨이 스님 앞으로 기어가고 있었다
그분이나 나나 아주 편안하게 헤어졌다

안심료 安心寮

마지막은 한번 뿐이라는 것을
아는 사람은
찬란하게 끝나는 것을 싫어하지 않는다
다솔사多率寺 안심료 뜰에는
황금공작편백 세 그루가 서 있다
만해 선생은 독립선언서와 공약삼장을
이 집에서 몇 밤을 새우며 고심했을까
회갑 기념으로 여러분들과 이 나무를 심었다
이 어른은 봉황새가 되어 봉명산을 떠돌고 있는가
효당이 심은 반야로般若露 향은 더욱 진하고
동리 선생 등신불等身佛은 법고소리에 살아 있다
안심료 툇마루 저문 눈발 흩어지는 님의 침묵을 돌아
산문을 나오면 아득히 천왕봉
흰 옥을 인 눈물보다 벅찬 하늘
아름다운 석양을 본다

＊安心寮 : 다솔사의 요사채, 한용운, 최범술, 김동리, 변영태, 변영만, 변영로, 김법린등 애국지사들이 이 집에 寓居했었다.

이춘철 해설사에게

남원의 스위트 호텔 룸메이트였던
이춘철 해설사가 불일폭포 동영상을 보내왔다

청학동은 어디에 있습니까
목련이 피는 날은 언제입니까
불일평전에 피는 때는 초여름이지요
옛사람이 태허에다 정자를 지었습니다
귀와 눈은 작고 입은 큽니다
귀와 눈은 기미를 살펴야 하고
입은 화항직방和恒直方으로 한결같이
충신수사忠信修辭가 나가야 하기에 그렇습니다

철철 떨어지며 쏴쏴 울부짖는군요
저 물이 흘러가는 것은 보이지 않으나
우리의 땅을 적시고 곡식을 만들겠지요
그 근원은 푸르고 검은 학과 함께 하였으나
그 결과는 먹고 사는 것이었군요

遠離塵世雖堪喜 爭奈風情未肯闌

속세를 멀리 떠난 것은 비록 즐거우나
풍정을 막을 길 없으니 어이하리
최치원의 탄식입니다

策杖欲尋靑鶴洞 隔林空聽白猿啼

지팡이 짚고 청학동 찾으려 하였으나
속절없는 짐승 울음소리만 숲속에서 들리네
이인로는 결국 최씨 정권과 타협의 길로 갔다오

獨鶴穿雲歸上界 一溪流玉走人間

한 마리 학은 구름으로 솟구쳐 하늘로 올라가고
구슬처럼 흐르는 한 가닥 시내는 인간세상으로 흐르네
조식은 하늘과 사람의 매개자 청학동 초월공간이
오히려 인간세계로 이어진다고 했습니다

이춘철 형 불일평전 목련 필 때 우리
불일폭포에 한 번 같이 갑시다

참깨 서 말

얼마나 고맙습니까
구름 사이로 태양이 빛납니다
오십 여일 만에 처음입니다
깨 타작을 하는 날
참깨 한 되에 이만 원이 넘는다고
올해 다섯 골 심었는데
내년엔 일곱 골 심겠다는
노처의 말입니다
물에 잠겨 쓰러진 놈을
일으켜 세워 비 오는 사이 베어내고
말리는데 보름이 걸렸습니다
비둘기가 영양식 하느라
빵빵히 배가 불러 노처에게 잡혔습니다
서 말이 넘겠다고
동촌댁과 부녀회장과 이야기꽃이 핍니다
지난 고생 다 잊고 땀 흘리며 웃습니다
참기름 짜서 아들 딸 손주까지
갈라먹을 생각하니
고맙기만 합니다

2

우루목 비가悲歌

_ 두려움이여
_ 들바람꽃
_ 우루목 비가悲歌
_ 할아버지와 대아래 마을을 내려다 보았다
_ 희미한 사진 한 장
_ 오고 가는 것에 대하여
_ 산에서 사는 법을
_ 하늘 끝
_ 아름다운 석양
_ 대문이 세 개인 집
_ 구워서 벼린 죽창 앞에 서다
_ 쓸쓸하다는 것에 대하여
_ 진단여행震檀旅行

두려움이여

죽음보다 무서운 것은
두려움이다
누가 누구를 죽이기에
닥아오는 두려움에 떨어야 하는가
하도 원통해서 비가 내렸다
열흘을 밤낮으로
억수비가 내렸다
눈동자에 가득한 피멍울
죽어야 되는 이유 있는가
죽여야 하는 이유는 무엇인가
두려움 보다 죽음 보다
더 슬픈 사람
원한은 비가 되어 내릴 수 밖에
슬픈 것도 두려워서
감추었던 사람들

들바람꽃

긴 여름 낮 고샅길
골무꽃 엉겅퀴 잠시였지만
아버지와 소를 몰고 돌아오던 날
그 어스름 각닥귀 발목을 물고
노랑장대빗자루 뱀딸기와
아버지 안 계시는 수 많은 날은
꽃들과 살았지

해지면 달이 찾아와
평상 위에 누워
개똥쑥 타는 내와 잠들었지
낫으로 후려내도 살아나는 갯완두꽃
그들과 살았지

보춘화 산자고 피는 날부터
두메애기풀 털진득찰 들바람꽃
꽃은 피고 진다

우루목 비가悲歌

1)
마을 어귀에 섰다
그에게 묻고 싶은 말이 있어
전화기를 꺼냈다
아 유명幽明을 통하는 전화기는 없구나
마을 뒤로 갔다
우물 뒤 틀어진 용천송龍天松
하맹보河孟寶가 살던 집터에는
댓닢이 서걱거렸다

괘관산掛冠山에서 낙엽이 날아온다
그가 보낸 유서처럼
목숨은 어느 산하에 있는가
강산은 있어도 조국은 없는가
보광당寶光黨은 허망한 정열이었나
뜻은 끓어도 목숨은 없다
아무데도 없다

솨 하고 바람이 내리면

어머니는 알았단다

마룻대는 꺾어졌다
서까래는 하늘 향해 썩는다
흙과 기왓장 쌀두지는
마루위에 화석이 되었다
이 집에 천석꾼이 살았다니

2)
바람이 불면
편한 것이 아무것도 없다
상림 숲을 희살하는 이파리들
최고운의 호미소리만 들린다
위천 따라 오르면 병곡면 도천리

  문충공文忠公 하륜河崙의 후손
  안주 목사 우치禹治의 둘째 활活이 진주로부터 이사 왔다
  아들 맹보는 안연顔淵을 배우고자 우계愚溪라 자호했다
  우루목은 안자의 대우大愚에서 따왔다고 하기도 하고
  소의 목이라 하기도 한다

냉기가 옷섶을 파고 든다
다 녹아 없어지고 억새꽃 핀다
없어진 것은 전설이 되고 나무가 되고 돌이 된다
기억을 더듬는 사람도
기억 속으로 사라진다
무량겁이 지나고 나면 벗지 못하는
인연만 남을 것

맹보의 아내는 남편과 자식을 위해
축시 마다 정화수를 떴다
아들 황愰이 어머니를 기념하여 심은 소나무
나이 삼백 오십년
시인도 나고 선비도 났다
효자도 나고 충신도 났다
수운 최제우도 면암 최익현도 다녀갔다
용천송龍天松이었을까
세한정歲寒亭이었을까
기울어진 나라를 일으킬
찾지 못한 방법이었을까

3)
둘러본다
이 마을의 달은 어디서 뜨는가
동산이 터오자 희미한 은하수 강가에
구름 천천히 사라진다
하얗게 달빛이 덮힌다
바람은 자고 물소리는 아무 말 하지 말라하며
흐르고 있다
할 말이 없다
아무도 아는 사람 없다
먼 하늘 바라본다
하준수
삼십 사년 살다간
그는 반역아였는가 혁명가였는가
시대를 송두리째 앓은 보통 사람이었는가
발이 저려온다

할아버지와 대아래 마을을 내려다 보았다
-나는 고민한다 인본주의를
 어떤 권력에 의지할 것인가 더욱 고민한다

나비가 날아 간다
완장腕章이 온다
총은 숨고 깃발이 펄럭인다
괭이를 둘러메고
장독을 깨 부순다
나비는 짠 냄새를 피해 숨는다
먹장구름이 온 골을 덮는다

할아버지는 손자를 데리고 귀신바구로 올라갔다
그 분의 7대조
사복시정부군司僕寺正府君 산소 위 능선이다
큰 바위를 엷은 바위가 덮고 있어서
발을 구르면 신비한 소리가 났다
바람이 지나가도 묘한 공명음이 울렸다
내 어릴 때
급한 바람이 온 나라를 휩쓸었다

할아버지의 뜻을 얼마 후에 알았다

강 건너 들판 가 대아래 마을
비명소리 울리고
개 짖는 소리가 났다 할아버지는
저 놈 봐라 저 놈 봐라 하셨다

한 해가 지났다
달 밝은 밤 어떤 사람이
고의춤에 돌을 싸고 합소沼로 들어갔다
그리곤 돌아오지 않았다

희미한 사진 한 장

시간은 부서지지 않는다
되새기며 흘러간다
계견성鷄犬聲이 날을 깨우면
골목을 나와 머리를 감는 푸른 연기
덕산들 밭봉재 까지
수를 놓다가 지운다

그 마을 사람이 나고 죽는다
전쟁이 지동처럼 짓이기고 지나간다
조리도 없고 이유도 없다
짚단을 들고 처마밑을 돌며 불을 지른다
나는 보았다 그리고 살려고 쫓겨 다녔다
이념도 없고 철학도 없다
무섭기만 했다
피란이라고 말했다
어디로 가야 피란이 되는지도 몰랐다

아버지는 먼저 가시고
할아버지는 뒤에 가셨다

어머니는 평생을 철천의 울음
한숨으로 살다가 가셨다
죽으려 하던 사람이 살기도 하고
죽어야 될 사람이 살아남기도 했다
주리고 헐벗어도 살아남았다

이제
도깨비가 다니던 구불구불 논두렁은 없다
찬겨울 그 두렁 따라 줄섰던 짚동도 없다
빛바랜 흑백 사진 속의
저 초가집은 아마
빨치산을 자수시켜 살게 해주었던
대실어른 댁이다
세상에 죽음보다 더 무서운 것 있던가
똑똑히 안다 살 수 있는데도
죽는 것을 취하는 사람도 있었다는 것을

어둠을 억지로 물리는 저 등불 컨 풍경
태고의 바람 한 자락 와서
큰 잣나무 흔들고 간다

오고 가는 것에 대하여

내가 세상에 올 때
아무 것도 가지고 온 것 없었지만
구름 낀 하늘 반짝이는 나무 잎
공중을 거리낌 없이 날아다니는 새와
노래하는 강물이
내 것이 되었지
어느 날 내가 세상을 버리고 가도
바람 불고 눈이 오겠지
깊은 밤 잠들지 못하는 것은
그리움 때문이다
눈물짓기도 하는 것은
하늘이 너무 푸르기 때문이다
내가 세상을 버렸거나
세상이 나를 버렸거나
아픔이 산처럼 솟아나 저렇게
산맥이 되는 것을

산에서 사는 법을

바람 부는 비탈에 드러눕는
쑥부쟁이는 무더기로
피었다가 진다
나는 보았다
그렇게 살다 죽는 모습을
떴다가 지는 달은
다 보고 다 안다
꽃은 꽃대로
소나무는 소나무대로
그 사이로 아무 거리낌 없이
지나가는 안개
산에 사는 나는 이제야 보았다
풀과 나무가 태어나서 죽는 법을
방금 가랑잎이 뚝
떨어져 굴러 간다

하늘 끝

나는 고아다
아버지 계신 곳을 모른다
천지를 틀어 안은 빗소리
마을을 진동하는 통곡소리
그러고도
어머니도 살고
할아버지도 살아 계셨다
내 홀로 소리 없이
망매가를 부른 것은
몇 년 뒤였다
아버지 남긴 한 말씀은
나 혼자 살아 돌아가면 저 사람들 부형을
어떻게 만나겠느냐
뿐이었다는
그리고는 아무 소식이 없다
예순 네 해가 지나가는데

아름다운 석양

기울었다 차기를
한없이 반복하는 달을 본다
즐겁고 슬픈 일은 또 몇 번이었던가
모시던 부모님 가시고
내가 부모 되었다
존재하는 모든 것은 기울어 간다
노을이 아름답다고만 알았던
소년 시절은 어디로 갔는가
아름다움 속에 늘 슬픔이 있다는 것을
혼자 멀리 와서 알았네
내가 없어진 어느 날
그때도 소년들은
아름답다고 석양을 바라볼 것이다

대문이 세 개인 집

집으로 들어오는 길이 세 개 있다
집에서 나가는 길이 세 개 있다
열거나 닫을 수 있는 문은 하나도 없다
그러나 따로 구분하지 않아도 길은
하늘로도 나 있고
땅 밑에도 나 있으리라
새들은 어느 쪽 문으로 들어오는지
불두화나 골담초 나무 밑에서 먹을 것을 쪼고 있고
땅으로 들어온 나무나 꽃은 때 맞춰
꽃 피고 열매 맺는다
농사짓는 경운기나 자동차만 세 길로 다닐 뿐
바람이나 가랑잎 강아지 고양이는
정해진 길이 없다
나도 어느 길로 다녀야 하는지
더듬거리고 넋 나갈 때가 있어
간혹 마당가에 앉아서 대중을 한다
매화 향 날아와 온 집에 부동하는 초춘부터
이팝나무 꽃 한창인 초하가 되면
앞 논에서는 개구리 글공부 한창인 다음

여름 가고 가을 가고 긴 겨울
그렇게 몇 년이 가면
내 허공으로 보이지 않는 길 따라
떠나가 저 까치처럼 은행나무 상상
가지 끝에 쉬기도 하고
한없는 하늘 날아 따로 문 없어도
대자연 대자유 그렇게 다닐 걸
애초부터 문은 없었느니

구워서 벼린 죽창 앞에 서다

분기점에 서서 때로는
분간할 수 없다
동학군이 겨눈 창날은 어디로 향했던가
보부상 경상 좌우도사 윤순백
그의 시퍼런 한은 칼을 들고
죽창을 겨눴다
동학군
보부상
관군
출렁거리는 역사여
윤순백은 단성 현감이 되었지만
일 년을 채우지 못했다
동학군을 진압한 것은
일본군 기관총구였다
시퍼런 하늘 아래
길을 잃은
아 나의 조국 대한제국이여

쓸쓸하다는 것에 대하여

감나무는 삭풍을 먹으며
아무 것도 입지 않고 서 있다
화려했던 시절을
동행했던 나는 안다
또 한 번 화려한 날을 위해
구름 바람 비비며
혹독한 고통을 무릅쓴다
별은 빛나고
어둠과 햇볕은 교차한다
지독하게 쓸쓸한 다음
찬란한 영광이 결실하는 것을

진단여행 震檀旅行

1)
산 아래 저 마을은
언제부터 생겨났을까
장미 날 인개 속으로부터 산이 솟아나듯
햇살은 아무 일 없었다는 듯
평화를 짓는다
무심한 사람은 무심히 지나가지만
나는 안다
서서히 걷어지는 구름
나의 마을 내 나라
흥망성쇠는 거대한 파도 타고
출렁거려 간다
오천년 흘러도 산하는 있다
진단 나라 내 고국을 순례하러
더듬어 간다

2)
인천항에서 동방명주를 탔다
대낮부터 하늘 땅 바다는 깜깜하다

눈앞에는 출렁거리는 바다 뿐
끼룩 끼룩 장도를 따라 나서는 갈매기는
상갑판의 사람들에게 먹이를 구한다
돌아갈 기약도 아랑곳없이
순간의 생명을 위하여 끼룩거린다
배는 캄캄한 발해만으로 들어간다
나그네들도 할머니의 자궁보다 깊은
어둠 속으로 들어간다

3)
압록강 건너 북한 땅을 힐끗 바라보며
송요평원을 달린다
큰 섬 위화도는 우리 땅 작은 섬 월량도는 중국 땅
붉은 해가 일찍 뜬다
통화로 가는 길이다
오녀산성이 멀리 바라보인다
혼강은 비류수다 주몽의 망명길을
자라와 물고기가 다리를 놓아 주었다는
이곳은 환인 오녀산성이 졸본성 아닌가

요녕성 연도는 옥수수 밭
청마의 시처럼 옥수수의 꽃 머리에
무량한 탄식같이 하늘이 떠오른다
무연한 고속도로를 달린다
조선족이 많이 사는 길림성으로 들어서면
논농사가 많다
보라 풍속도 사는 집도 얼굴 모습도 말도
나와 다른 것이 무엇인가
아버지 시대엔 먼 조상의 힘으로 나라 찾으려 했다
땅 파고 씨 뿌리며 살았다
비파형 동검도 고인돌도 증언하지만
아 빼앗겼는가 버렸는가 할아버지의 산하여
종일을 달려 통화에서 자다

4)
우리는 누구인가
티끌처럼 날려 왔는가
거센 폭풍 헤치며
배달나라의 넋을 지켜 왔는가

떠돌며 하늘 귀퉁이로 표류 했는가
수많은 장애물 넘어 해를 품고 왔다
삼족오 그 햇님의 한가운데로
깃발 흔들며 왔다
백두산 흑룡강 사이
넓고 넓은 터를 주름잡으며 왔다
운명의 비색을 탄하지 마라
백두대간을 들썩이는
대 고구려의 지동소리가
오늘 융기하고 있지 않는가
벅차는 가슴을 안고 백두산으로 간다

5)
아 백두산
지난 15년 사이 세 번을 북파로 갔는데 이번은 서파
1442계단을 올라 37호 경계비 근처
북한 땅에서 천지를 굽어본다
수면 고도 2,257m 둘레 14.4km 평균 깊이 213.3m
이만해도 신비하지 않은가

저 엄청난 용출의 힘은 무엇일까
여기서 근원하여 송화강이 되고 압록강이 되고 토문강
이 된다
12,000년 전에 형성 되었단다.
단군왕검이 신시를 펴도록
환인천제께서 예비하신 곳
내 언제 또 이 산을 오르겠는가
눈물 뚝 떨어진다
검은 구름이 휘몰아 오고
우리는 하산 한다
또 어느 날 청천백일은 고토를 비출 것인가

6)
되돌아와 혼강을 따라
유랑 같은 회고의 길을 나선다
고향은 이렇게 먼 곳에 있었다
이도백하는 북으로 흐르고
비류수는 남하하여 압록으로 간다
오녀산성을 넘어 깊고 깊은 골짜기 따라

멀고 먼 넓고 넓은 길
아득히 가물거리는 압록강
국내성 질펀한 비탈에 왔다
저 일만 삼천의 봉분을 보라
태양의 흑점 안에 꿈틀거리는 세발까마귀
울부짖는 소리 심장으로 들으며
발길 멈춘 곳은
국강상광개토경평안호태왕비 고구려 영락제의 비다
각력응회암에다 높이는 6.39m 1775자로 적은
대륙을 호령 하던 우리의 태왕 기념비 앞이다
건너편은 강계 만포진
국내성은 성돌 흔적만 남아 있고
이지러진 무덤들 성터
목 놓아 통곡한들 소용 있겠는가

7)
한 품은 강물은 황해로 가고
북적이는 사람은 대한민국 중국사람
강 건너 북녘은 남루한 초병 비루한 농부 몇

소달구지와 양 몇 마리 헐벗은 산
유람선에 쪽배 붙이고 인삼술 파는
검고 파리한 내 동포여
고향의 흔적은
내일 정착할 지표를 찾기 어렵다
황혼의 박작산성을 바라본다
그리고 우리는 귀로에 올랐다
깊은 어둠 속으로

8)
밟혀도 일어나는 질경이
무궁히 피고 지는 무궁화
짓밟혀도 좌절하지 않고 일어서는 배달겨레
이 땅에 살다가 한줌 흙을 보태고 가신
할아버지가 누천년 쌓여서 조국이 되었으니
나 또한 흙이 되어 조상과 섞이고
끝없이 후손이 태어나고 살아갈 땅
오 나의 조국 나의 산하여
빛나는 문화를 창조하고

견실한 본질을 이루어
찬란히 가꾸고 지켜 나갈
빈빈彬彬한 나라여
다시 한 번 옷깃을 여민다

3

눈사람은 어떻게 되었을까

_ 눈사람은 어떻게 되었을까
_ 원추리 꽃
_ 침묵의 섬
_ 팔월이 가면
_ 흐르는 것이 저와 같은데
_ 공산 잠든 달
_ 빈 잔
_ 도솔산에 가서
_ 맑은 날의 고독
_ 무위사
_ 바람 자는 날의 등불
_ 봄 밤
_ 기다림
_ 분향
_ 송별회
_ 아침 월포 포구
_ 함박눈 경주
_ 파도
_ 마량리
_ 다시 원추리 꽃에게

눈사람은 어떻게 되었을까

마이산 탐사
그 겨울 한가운데
두 개의 눈사람이 떨고 있었다
눈보라 속에
언 손을 놓지 않고 있었다

그 후로 눈 오는 날은 많았지만
안부는 전혀 알 길이 없었다
세월은 쌓여갔다
하얀 눈이 되어 쌓여 갔다

다시 눈은 내리고
발자국도 묻히고 밤이 오고

흔들리는 돌탑 아래 찬 바람 맞으며 서 있는
두 개의 눈사람 언 손을 잡고
마주 보고 있을
눈사람이 보고 싶다

원추리꽃

너를 어찌 정령치에서
처음 만났겠는가
그 높은 곳
바람 만나 흔들릴 때
아름다웠다
그리고는 남도 어느 절간
잡초들과 어울려 있는 너를 만났다
마침내 집 뒤 언덕에서도
억없이 피어나는 너를
알아보았지
어느 마을 외진
산기슭에 살아도
그렇게 아름다운 것을
예전엔 미처 몰랐었다

침묵의 섬

그리워하며 살지만
만날 수는 없습니다
어느 날 말 했습니다
이미 당신 속에 와 있습니다
알 수 없어 겨울 바다로 갔습니다
물새도 날지 않는 바다
먼 섬을 바라보았습니다
언젠가 보았던 섬 같았습니다
한 무리의 새 떼가 그 섬으로
날아 들어갔습니다
파도가 넘실거렸습니다
바다가 환대하는 것 같습니다
해는 지고
새들은 어데로 갔는지 모릅니다
그리움을 그리워하며
새들은 숙소에 들었을 것입니다

팔월이 가면

새벽에는 덮을 것을 끌어 덮도록
장단지가 시리더니
오늘 아침은 이슬이 영롱합니다
가을이 오고 있습니다
지나간 일들은 눈 감으면 나타나
멀리 그리워질 것입니다
가라고 하지 않아도 떠나는 그대
팔월은 뒤 돌아보지 않고 갑니다
가는 것에게 미련이야 많지만
이일 저일 바쁜 일상 속에 묻혀갑니다
황량한 겨울이 나를 찾아오면
늘 찬바람과 같이 살아야 합니다
어느 날인가는
회한은 산처럼 쌓여 발효되고
무성한 팔월은 다시 오지 않고
무량한 그리움만 맑은 달빛으로
허공중에 떠 있을 것입니다

흐르는 것이 저와 같은데

무슨 말로 내 마음
그대에게 전하리
덕유산에서 지리산에서 시작하여
대해로 지향하는 본래의 뜻을
어둔 밤 횃불 밝히는 진주성에 와서야
깊이 간직한 가슴 드러낸다
진주 남강 철교 우에나
촉석루 높은 다락에 올라
대숲의 도란도란 이야기 희미하게 들으며
등불 켜고 기다리는 마음
내 마음 텅 빈 달처럼 떠
강물 한 가운데로 들어가
지난 옛일 애타게 끌어 안는다
저 성돌 저 돈대
푸르러 한결같은 강심
영원한 그리움을 그리워한다

공산 잠든 달

개 짖는 소리 놀라 깨니
천지는 잠들지 않았구나
대나무 끝에 흰 달이 걸려 있고
작은 길엔 서리가 내렸다

너를 찾아 가는 길이었는데
지나가는 사람을 만난다
찾아가다 지나쳤는지 모른다
나도 잃고 말았다
몇 십 년이 지나갔다
바쁜 것도 없었고
편안하지도 않았다

한 밤중 적막산중
나와 나의 그림자
다 깨어 있는데
매인데도 없는 달은
공산에 잠들어 있다

빈 잔

길다란 탁자 위
신문지 몇 장 그 곁에
관심 외곽에서 서성이는
나는 무료하다 빈 잔에
구름을 조금 부어 마신다
지나간 입술의 흔적을 타서 마신다
작은 가슴을 가진 새는
깃털 하나 남기고 날아갔다
빈 잔이 앉아서 추억을 찾는다

도솔산에 가서

안개가 도솔산을 다 덮었는데
어찌도 저 동백 숲은 드러나는가
윤나는 잎들 위로 걸어오는 이슬비
긴 여행에서 돌아오듯 젖는다
지난 계절 툭툭 떨어진 새빨간 꽃들은
늦은 여름 오면 상사화로 피어날까
징검징검 날아다니며 떨기 흔들던
동박새는 어디로 갔는가
나도 오래 서 있으면
뿌리 내릴까 싶어
동국진체 대웅보전 현판 밑으로 들어가
비로자나불 앞에 섰지만
지녔던 애증 벗어버리지 못하고
구름과 산
숲과 이슬비 그렇게 살아야 하는가
질마재 아래로 풍천은 흐르지도 않는데
옷 젖는 줄도 모르고 한나절 바장인다

맑은 날의 고독

모두 하늘과 땅 사이에서 일어나는 일이다
그 사이에는 바람이 무시로 주유한다
알밤이 떨어진다 해와 구름 사이
땅을 먹고 하늘의 바람을 호흡하여 탄생한 것
그 번쩍 번쩍 빛나는 환생
돌과 뿌리 사이로 우레가 운다
둥글게 알밤 같은 지구가
발바닥 안에 가득 찬다
어느 날 낙엽져 떨어지고
짐승과 벌레들 어디로 숨고
길고 긴 겨울 속 감춘다
그러면 징징한 고독을
깊은 땅속에 묻을 것이다
바람은 쉬는 듯싶으면 또 일어난다

무위사

저렇게 장대한 가람을
무위無爲란다
해탈문 보제루 들어가니
문득 연꽃 한송이
엎드려 절 올렸다
극락보전 너무 수수하구나
멀고 장중한 월출산을 보고
극락보전 아미타 삼존불
뵈올 새도 없이
그냥 날아가는 새
연꽃 위에 엎드려 삼배 올렸다
명부전 나한전 선각대사탑비
다 돌아보고
극락보전 낡고 낡아 기운 집
앞에 서서
동행 하는 사람 손을 잡고
무위無爲다

바람 자는 날의 등불

물소리 바람소리
잠시 쉰다
비는 올 것인가 말 것인가
망설인다
묵은 애환은
깊은 곳에 감추었다

마알간 호수
잔잔한 물결 위에
일년 내내 쌓였던 마음
천년 동안 한결 같은 마음
가득 실어 띄운다

봄 밤

어쩌란 말이냐
곡우절 밤비는 사납게 내리고
근육질의 관자놀이를 흔드는
저 찬란한 관능은
피다가 피다가 벌겋게 터져
산하를 물들이고
더 진한 신록이 산과 들과
바다를 점령한다
봄을 싣고 왔던 차가운 바람이
충분히 데워진 봄을 싣고 가려한다
더는 억눌러 참를 수 없는
봄밤의 환락은 간다
그래서 비는 요란하게
천지를 가득 채워
뜨거운 관능을 재우는구나

기다림

간혹 전조등 불빛이
발바닥 밑으로 스며든다
언덕바지 우체국 행낭行囊 안의
편지들은 깊은 잠에 들었을 게다
신흥도시 사차선 길가 인도에
바짝 붙어서
오지 않는 사람을 기다린다
모두 사연이 있을 게다
그 사연 받아
멀리 어둠 속에 잠든 마을로
속력을 내며
빛과 함께 사라져 가는 자동차들
기다리는 사람은 소식이 없다
새벽 닭 울음소리와
우체국 행낭 속의 아우성이
귀에 담겨 고막을 울린다
발자국 소리는 미리 와 있고
지나가는 불빛 가물가물
다 돌아갔다

분향 焚香

연서戀書가 탄다
타서 하늘로 올라간다
하늘나라는 무한 공간
간절한 사연 다 받아서 풀어줄까
미적미적 둘러보고 미련 삭이듯
모로단청 천정을 돈다
쇠서를 감돌다가
마침내는 보이지 않는다

그래 가거든
별빛 초롱초롱 그 어느 곳에 있다가
사람들 다니는 산 모퉁이 제비꽃으로
태어 나거라
은하수 강가에 싫도록 살다가
제비꽃 한 송이로 피어
누구의 발길 끝에라도 닿아라

송별회

만난 사람은 꼭 이별이 있단다
꽃다발 하나를 들고 온 사람은
얼마 남았다는 말은 하지 않지만
앞날의 건승을 기원 한단다
이런 저런 덕담이
귓전을 돌다가 사라지고
겨울밤은 눈이 내리려 준비하고 있다
어데서 바람 한 줄기 와서 동행 한다
십년 그 긴 시간이
꿈꾸다 깬 듯 눈 비비고 슬그머니 떠났다
눈이어 울먹울먹 하며
찌푸리고 있지만 말고
펑펑 쏟아져라

아침 월포 포구

밀려 와도 늘 그 자리에
바다가 열린다
동트기 전 고깃배는
떠난다는 말이 싫어서
인사도 없이 나가고
포구는 빈 배 몇 척만 일렁인다
그대여 잘 잤는가 하며
홀로 날개를 펴면
태양은 벌써 와 어제 왔던 곳을
조금 비껴 서서 바다와
마을과 골목을 비춘다
물결이 씻어 편 가장자리에는
갈매기 떼 종종이 발자국 남기고
날아간다 그 날아가는 새떼들 따라
먼 수평선에 잃어버린
나와 그대를 찾으며
온 아침을 서성인다

함박눈 경주

함박눈이 내린다
별보다 많은 탑
산과 들에 가득 찬 부처님
천년을 안아 잡고 서 있는 첨성대
서라벌 너른 도읍 위로 은하수가 기울어
하늘과 땅 사이가 잦아 든다
다시 천년 뒤에
기파랑 충담사를 만나
대우헌 마루에 올라 월성을 바라보는
내가 갈 길에는
함박눈이 내린다

파도

지구의 끝으로 가거라
지치면 무인도에 내려
이름 없는 꽃을 만나라
꽃은 떨어져
덩굴에 앉아 웃고 있다
은둔의 겨울 나거든
이른 봄날 꿈으로 나타나라
옛 노래처럼
내 누구에게
무슨 노래로 다시
불리어질까
아득한 기슭을 핥으며

마량리

마량리 언덕에는
철 이른 동백꽃이 피어 있다
동쪽 바다에서 떠오른 해는
아직 오지 않았고
구름이 먼저와 징징 흩어져 떠돈다
위로 오르기엔 하늘이 너무 멀어
동백은 바다로 나간다
몇 백 년 나간 것이 겨우 두어 발
해지고 나면 외로워
눈보라 데리고 밤 새울 것
뜨고 지는 것이 일상이지만
마량리 언덕에 서서
천년을 사는 법 보네

다시 원추리 꽃에게

무리 지으면 황홀한데
홀로 서면 외롭다
멀리서 바라보다가
다가가 손을 잡고 어루만졌다
은은히 파동치는 체취
간밤에는 너로 인해 잠 이루지 못했다
한 줄기 소나기 뒤에
오랜 세월을 덮었던 안개 헤치고
초췌한 모습 나타날 때쯤의
만남은 더욱 가슴 아프기만 하구나
장마 비도 지나고 푸른 하늘 흰 구름
그 자리에서 손 흔들고 서 있기만 한다
아름다운 모습도 계절 가면
내리는 눈에 덮여
그리움에 잠기고 말걸
찬란한 여름의 향연은
지나가고 있다

4

가을 달빛

_ 가을 달빛
_ 북천 역사 근처
_ 그날 밤 밤머리재
_ 꽃
_ 눈 오는 날
_ 다 안다
_ 닫은 산문에서 길을 찾다
_ 도전리
_ 실매리
_ 망초 꽃 연가
_ 눈을 맞는다
_ 산
_ 산에서 내려오는 가을
_ 소금쟁이
_ 스님 어디 계십니까
_ 이명耳鳴
_ 진눈깨비
_ 짧은 이별 긴 만남
_ 우송愚松과의 육십 년
_ 찔레꽃은 아직 피지 않았고

가을 달빛

늘비 주막집 순대국으로
저녁요기를 마치고
너무 먼 길을 돌아오는
가을 밤 달빛은 왜 그리 환한지
산비탈은 왼통 억새로 덮여
이 밤이 흡사 살아온 날을
거울로 비춰보며
지나간 것과 오늘을 모두
뒤섞어 보는
달빛 억새꽃
가는 것은 그렇게 가고
순대국은 허기로
가슴에 차 오르는

북천 역사 근처

기차가 뚜하고 떠난 다음
한 무리 코스모스가 퍼진다
북천 역사 근처
조그만 다리를 건너면 몸 붉은
몇 백 년 된 노송들
다음 기차를 기다린다
때마침 소나기가 저편 최죽당 살던
마을 등성이를 허옇게 내려와
수수이삭 메밀꽃 일렁여놓는다
뛰는 사람도 없이 서로 손 잡고
직전리 비탈 개울 언덕
건너 마을 집들도 하늘 품에 안겨
옹기종기 도란도란 옛날과 오늘
마을과 마을 사람과 사람 꽃과 나무
손잡고 저물어 가고 있다

* 최죽당(竹塘 崔濯1598~1645) 병자호란 때 청나라 땅에서 순국했다.

그날 밤 밤머리 재

밤머리재는 비
푹 삭은 하루가 비가 되어
내리고 있었다
구불구불한 길 위로 전조등은
빨려 들어가고
보이는 것이 한정된 시야에
눈발인지 빗줄긴지 금을 그을 때
문득 고라니 한 마리 우뚝 섰다가
줄행랑을 치고
안개는 밀린 숙제처럼
희게 또는 어둡게 길을
덮고 있었다

꽃

하늘은 평온
얼마나 긴 시간을
감지하지 못한 격동이 있었는가
들끓는 고뇌를
나는 몰랐다
혁명의 완성
너를 꽃이라 부른다

눈 오는 날

눈이 오는 날은
경전 남부선을 탈 것이다
창문을 두드리다 녹는 저것들이
무슨 힘으로
세상을 다 덮을까
잠시 눈 감았다가
이름 모를 간이역에 내리면
삼백년 전 내가 살던 마을이 있다
흰노미가 꼬리 흔들어 가자는 대로 따라 가면
푸른 연기 오르는 돌각담 대밭
호호백발 우리 할머니는
이 집에서 삼백년을 사셨구나
한 사나흘 묵었다가
경전남부선에 흔들리면서
돌아올 것이다

다 안다

늦가을 따뜻한 햇살은
발정한 사슴 뿔 위에 머문다
저 생명의 호곡을
누가 만류 하겠는가
우리 집 뽀삐도 외박 중이다

어디 갔다 왔는지는 뻔하다
앞발을 마루 앞에 드리 밀고
눈망울을 굴리면서 시치미를 뗀다고
내 모를 줄 알고

햇볕도 구름 뒤로
숨었다가 나온다
흐릿한 날씨는
비라도 뿌릴 것 같지만
금방 추워지려고 그러는 줄
나는 안다

닫은 산문에서 길을 찾아

장당 골로 들어가는 길은
태초에는 길이 있었지만
지금은 길이 없다

치밭목까지 13km 포장도로를 내거나
내친 김에 하봉을 넘어 마천까지 간다면
세상에 이보다 아름다운 길이 있겠는가
사람을 믿지 못하는 사람이
내원사 앞에서부터 산문을 닫았다

길이 없었던 때에 길이 있었다
기왓장 도기 사기그릇을 묶어서 지고
구름에 띄워서 보냈다
바람에 실어서 보냈다

766년 법연 법승 두스님이
해발 900m 비장秘藏한 터에 탑을 세웠다
비로자나 부처님도 모셨다
구곡산이 정면을 조금 옮겨 서 있고

산맥이 출렁여 돌아오는 것은
여기가 도솔천이라는 뜻

탑은 다 깨어지고 부처님은
산을 내려가셨다
천 삼백년을 울리고 돌아오는 종소리
단 몇 시간 만나고는
비로자나 부처님 따라 떠난다
천년의 길을 찾아서

도전리

운창이 1640년
한디미 냇가에 떨어져
물결에 씻겨가는 선생암을 보았다

스물아홉 분이 부처덤
연꽃자리 위에 앉아 계신다
무슨 일 있었을까 부호符號 같은 명문銘文을 끼고
부처님도 속인도
만나고 떠나는가

갈라지고 비바람 나무뿌리 아슬한 덤서리
조는 듯 흐르는 양천강은 무거운 침묵
포항-지리산선 20번 국도 따라
자동차들 달린다
한 번의 약속이 천 번의 봄 가을을 보내는데
세상일이 저 벼랑 같아
오늘은 찌듯이 덥다

* 운창 : 雲牕 李時馪(1588~1663) 私撰의 丹城邑誌를 썼다.
* 한디미 : 漢濱, 한드미, 마을 이름.
* 선생암 : 「도전리 마애불」(지방문화재 제209호)
  도전리 암벽에 29구의 마애불이 양각되어 있는데 「○○先生」이라는 銘文이 있다.
* 덤·덤서리 : 절벽, 암벽이라는 뜻.

실매리

차황면 실매리는 국도 59호선을 따라
거창군 신원면에서 고개를 넘어 오다
개울 둑에 찔레꽃이 줄지어 서 있는 곳
늦어 가는 봄 향기가 자욱한 산골마을
늙은 왕버드나무는
젊은 구절초들이 조잘대는 이야기를
듣는지 마는지 멀찌감치 내려다보고 서 있고
모심기는 일찍이 끝나서
밤마다 별들이 내려와 무논과
이 숲 저 산에 잠자는 곳
하늘 아래 외로운 마을
메뚜기 쌀이 익는 마을
장사익의 노래와
김태근의 시를 읽는 소리가 울려 퍼진 뒤
개구리의 노래는 한하운의 시보다
찐덥다

망초꽃 연가

언덕배기부터 묵정밭까지
다 덮어도
그리움 겨워 고개 젓는다
만리 밖 어느 산맥 아래에서
이주해 왔는가
더울수록 아리는 한기
산덩이 같은 고독을 따라
하얀 달빛 내리면
밤이 지새도록 풀벌레 운다

눈을 맞는다

참았던 눈이 내린다
전라북도까지 왔다가
천왕봉 바로 넘기 어려워
무주 구천동을 돌아
덕산골 까지 왔다
밤머리재는 희미하다가
보이지 않고
도댓골에서 따온 노란 모과가
마당가에서 눈을 맞는다
산에서
봄 여름 가을을 살아
얼굴은 부끄러운 듯하고
마음은 더욱 순결해지고
체취는 더욱 향기로워진
순수의 표정으로
눈 오는 겨울
마당가에 누워서 눈을 맞고 있다

산

그리움에 이유가 있던가
엎드린 기다림
별빛은 제 마음대로 빛나고
실안개로 묶었다가
폭풍우로 때려도
적막한 비밀 안고 드러누운
산이어
산속에 살면서도
기침소리 한번 들은 적 없다

산에서 내려오는 가을

코스모스 길로 버스가 지나간다
먼 산 정수리가 물들기 시작하고
비탈에는 누렇게 벼가 일렁거린다
시냇물을 건너 들길을 오르면
사람 사는 마을이 있다
허리 굽은 마을 사람들은
숲 사이 혹은 밭두렁에 있다
손을 돌려 등을 치기도하고
이마의 땀을 문지르기도 한다
그들은 지난 일을 품고 산다
그래서 일까
가을은 높은 산에서 내려오고
하늘은 멀리 떠난다
지난밤엔 귀뚜리가 울었다
밤새도록 울었다

소금쟁이

한 평도 안되는 웅덩이
산이 빠져 있고
한 치도 안되는 소금쟁이
하늘을 흔드네
가늘고 조그만 것이 둥실 떠서
바람을 불러와
바위며 나뭇가지
온 하늘을 흔드는 이 오후에
햇볕은 물소리 뒤로 숨고
매미 소리는
온 골을 울린다

스님 어디 계십니까

율은고거와 겁외사 부근은
모두 가는 것 뿐이다
대전 통영 간 고속도로는
바람을 가르며 윙윙거리는 소리로 떠 있고
경호강은 에미산 밑둥을 감돌아
스님이 태어나기 전부터
쉬지 않고 흐른다
어데서 와서 어디로 가는가
흐르는 것 떠나는 것 다 넘어선
단정히 떨어진 치의緇衣와 몽당 연필도
거품泡이고 그림자影란다
이 뭐꼬
스님은 다 안다
아직도 황하는 곤륜산을 넘는데
스님 어디에 계십니까
추녀 끝엔 종일로 풍경이 운다

* 栗隱故居 : 성철 스님 (1912~1993) 생가
* 劫外寺 : 성철 스님을 모시기 위해 지은 사찰

이명耳鳴

불을 끄고
눈을 감고
잠들지 말고
그윽히 한 시간 쯤
들리는 것은
풀벌레 소리 뿐

진눈깨비

세상에 섞이지 않는 것
어디 있으랴
눈이 내리면 강물이 된다
간밤에 그리도 신열이 났던 것은
그리움 때문이다
간절한 그리움의 열병이
비가 내리고
눈이 내린다
대지에 꽃이 핀다
참기 어려운 아픔이
마침내는 잎이 되고
그 사랑의 열병은
눈 비와 입 맞추는 환락 다음에
큰 바다 된다

짧은 이별 긴 만남
  - 지경선생께

집 나서면 길이
열려 있습니다
해강 형님을 영이별하고 며칠 뒤
웅석봉 가신다고요
높은 마루에 서면
가시는 뒷모습 보이겠지요
덕문회 여러분들이 각기
서울을 출발하여
산천재에 모이신다고요
전송하는 모습이 너무 아름다워

어린내 임도를 낙엽 따라 몇 구비
정상에 오르면
천왕봉도 남해바다까지 보이겠지요
야호 고함 한번으로
짧은 이별 뒤에 올
긴 만남을 기다리렵니까

찔레꽃은 아직 피지 않았고

강원도에서
제주도에서
모여서
찔레꽃이 피지 않아도 좋단다
왕버드나무가 좋단다
실개천이 저 꿈틀거리는 산줄기가
좋아서 전날 와서 민박하고 기다렸단다
만나는 것 보다 기다리는 일이 좋아서
왕버드나무 잎새가 오월 오후 저 푸른 하늘 아래
번들거리는 것이 좋아서
찔레꽃 음악회
꽃은 일러 필 생각도 없는데
트럼펫 한 곡조 산이며 골목이며 개천 뚝방 따라
푸르게 푸르게 걸어가는 찔레 덤불 따라
실컷 퍼지고 나서
터져 나오는 저소리
아버지!
애야 문열어라,
장사익의 심장이 북받치는 통곡소리

59호선 십리에 늘어선 자동차를 흔들고
실매리 상중리를 돌아 아득히 황매산에
우레친다
찔레꽃 기다리는 음악회가 좋다
넘어가는 오월 해가
머뭇거린다
해지면 별
별지면 안개 그리고 사람들이
축제를 연다

우송과의 60년

버드나무 몇 그루가
잎을 번드기고 있었다
삐걱거리며 달구지가 들어왔다
쇠똥과 빗물이 고여 풍기는 냄새
밥을 먹을 수가 없었는데
나는 그 집에 가고 싶었다

경호강은 맑았다
나는 새 잔디밭 조약돌
목청껏 노래를 불렀다
그 날은 흘러가 없고
우송은 병환중이다
그 사람 가면 나도 따라 가야 하는가
쇠똥 냄새도 강물도 없을 것
그 사람 아버지 어머니와 살던
오두막은 벌써 없어졌다
날씨 풀리면 그와 그 강에 가고 싶다

5

만락재 晚樂齋

_ 만락재서 晚樂齋序
_ 아무 일 없이
_ 한거 閑居
_ 귀가
_ 거처 居處
_ 귀한 것
_ 내가 사는 곳
_ 넉자 부 符
_ 만가
_ 문
_ 봉제사
_ 성묫길
_ 시정문 은행나무 독백
_ 원근법
_ 풀베기
_ 풍경
_ 탁영대에 올라

만락재서 晩樂齋序

집을 지었습니다.
하언재何言齋라 이름 지으려다가
고쳤습니다
사시四時가 운행運行하고 만물萬物이 생장하나니,
천리天理가 발현發現하여 유행流行하는 것이
어찌 하늘의 말씀을 기다려
이루어지는 것이겠습니까?

하늘을 우러르면 부끄럽고,
효제충신孝悌忠信은 후회後悔만 남았습니다
기른 덕德이 없어서 세상에
끼칠 것도 없습니다
혹 보인輔仁할 어진 벗이 찾아오려는지

세상을 위해 무슨 사업을 하였는가?
이제 이 집에서 조상祖上을 정성精誠들여 모시고
독선기신獨善其身 하렵니다
자식子息 들이 내 뜻을 깨달아
즐기는 것이 무엇인지 알아주기 바랄 뿐

내 만년晩年의 즐거움을
여기에서 찾고자 합니다
고인이 그리워 가슴이 먹먹할 땐 탄식歎息하기도 하고,
좋은 책을 읽다가 마음이 호연浩然해지면
휘파람을 불기도 하렵니다
우러러 보면 하늘이 있고
굽어 보면 땅이 있다
그 중에 내가 있으니, 조선祖先을 받들고
후손後孫과 함께 하리라
천명天命을 즐기는 자 하늘이 보호 한다 하니,
잔명殘命을 이 집에 맡긴다

아무 일 없이

아무 일 없이
며칠이 지나갔다
만락재 뜰에는 세월이 잔다
자고 가신 손님은
소식이 없다
목연에게 부탁한
목침이 왔다
바람은 산들거리고
나는 늙어간다
감은 붉고
나락은 누렇게 마른다
콩타작을 했다
내일은 덕천서원 추향
입제일이다
물이 흘러가듯 며칠이 간다

한거 閑居

멀리서 오는 봄볕의 파장을 타고
가장 감미로운 노래 들린다
깊이 잠들었던 가슴이 출렁인다
내가 바라 볼 수 있는 가장 먼 곳
산 하늘 바다 징징한 파도
따뜻한 햇볕 아래
눈을 감는다
더 멀리 이승의 건너편
때 맞춰 불어오는 바람 맞아
훈향이 감관을 따라 퍼진다
가만히 앉아서
그리운 꽃의 향기 새들의 속삭임
먼 파도소리 듣는다

귀가

어버이 날이라고
큰 딸과 외손자가 왔다
산천재 계회 마치고
시도기 재회록 다 쓰고
산장의 망권 써서 보내고
집에 돌아오니
초롱이가 마중 나오고
불두화 무겁게 고개 숙인다
이팝나무 꽃가지가
좁은 하늘 향해 함박 웃는다
햇볕은 마당에 가득 차 있다
바람은 찬란한 감나무
연두 빛 잎 위에 앉아 있다
충만한 오월의 한가운데
우리 집이 있다

* 山天齋 : 1561년 南冥 曺植이 건립한 재실.
* 契會 : 계모임, 선비들이 모여 선현을 추모하고 시를 지어 唱酬하기도 하는 모임, 儒契.
* 時到記 : 계회에 모인 사람들이 이름을 기록하는 것, 또는 그 장부
* 齋會錄 : 계회의 임원을 기록한 장부.
* 山長 : 齋任 또는 講長
* 望圈 : 향교, 서원, 유계의 임원이나 헌관 등을 위촉하는 문서, 望記라고 하기도 함.

거처

구곡산을 바라봅니다
소천에 발을 씻습니다
천왕봉은 아득히 멉니다
산은 산이고 물은 물인데
바라보는 산
가슴에 담는 산
발을 씻는 물
마음을 씻는 물
한사존성閑邪存誠
충신수사忠信修辭
문을 닫고 앉아 있습니다

귀한 것

어중간히 집으로 돌아 온 날
산에 올라 일하기도 뭐하고
마당가를 돈다
키 큰 목련 맞은 편
바람과 친한 동백나무 그
선홍색 꽃송이
뚝 뚝 소리도 없이 떨어진다
발길 앞에 노랗게 수줍어
고개 숙이는 수선화
차갑고 긴 겨울 이기고
잔치를 벌인다
점심나절의 두통은 간데없고
황사에 묻혀 떨고 있는 태양 아래
아직은 희뿌옇고 스산하지만
혼자서 마당가를 도는
귀한 행복

내가 사는 곳

큰 산 사이로 작은 산이 주름졌다
시냇물이 헤집어 나오는 틈새로
푸른 안개가 피어 오른다
삽상한 이내 일어나는 산을 오르면
불그레한 겉옷에
찬 이슬 덮인 감 열매들
크게 숨 쉬고 허중산 바라보면
어느새 아침 햇살이 내려와
누렇게 익는 곡식들 덕산들 비탈에 가득 찬다
점잖게 자리한 산 위로
심해보다 푸른 하늘
날 새고부터 아침때까지의 시간
몇 십 년 젖은 나는 풍경 속에 섞인다
내 한 점 풍경이 되어
나고 자라고 늙어간다

넉자 부符

넉 자 깃발이 펄럭인다
화和
항恒
직直
방方
저토록
깊은 하늘
저리도
고요한 하늘

만가

고단하게 살았다.
그리고 편안하게 갔다
하늘엔 구름을 누가
찢어 흩은 것 같고
날씨는 왜 이리 더웁고
금천琴泉을 곡하고 돌아오는 길이
간 사람은 갔는데 산 사람이 바빠서
아무 생각 말고 멍하면 되는데
찢어진 구름처럼 복잡한 생각들은
장마비 되어 올 것 같다

한 사람 세 사람 만나고
점심 먹고
뒷 번덕 올라 자빠져 늘어진
감나무 버티개 세운다
마음이 난마 같으나
산 사람은 할 일이 많아서
좋은 것인지

문

방문을 반쯤 연다
눈발이 들어오고
추녀에 달린 등불이
따라 들어온다
활짝 열었다
머리가 하얀 소나무 숲
문을 닫으면
따뜻한 온돌방에
푸륵 푸륵
참새가 먼저 들어 와 있다

봉제사 奉祭祀

노하시면 허연 수염이 부르르 떨고
눈동자에 번개 불이 일다가
빙긋 웃으시면 봄바람에 꽃잎 날아 오듯
엄하고도 인자하신 할아버지 뵈옵는 날
마루 쓸고 제상을 차렸다
도포 입고 갓 쓰고 가만히 앉았다
한 줄기 비가 내려
오시는 길 나뭇가지도 다 씻었다
아들 손주와 석잔 술 올리고
사립 밖에 나가 긴 읍을 올렸다
자시가 넘고 축시 쯤
호주머니를 뒤져 손주 손에 쥐어주고
빈털터리가 되었다
날 새고 이슬밭길 거닐어
무거운 바짓가랑이로 냇가에 서다
냇물은 흐르고 하늘은 맑게 개었다

성묫길

개울을 건너면
후미진 곳에 쌓였던 낙엽
앞을 막으며 흩어지고
돌탑 위에는 세월 한 겹 더
날아 앉는다
산소를 오르는 길은 산죽이 뻗어
없어졌고
단양 우씨 봉분은 늘어진 소나무 가지가
감싸 안고 있다
산새는 빈 가지 훑고 지나가는
바람이 아파 목 놓아 운다
옛일 차곡차곡 안으신 할머니는
잠에서 깨지 않으시고
손자는 할아버지 주름 같은
산골짜기를 둘러본다

시정문時靜門 은행나무 독백

내 위에는 우레
하늘 땅 사람 그 사이에 길이 나있다
새는 내 품에서 난다

내가 사는 곳은 동정動靜을 분간하는 자리
네가 간절히 구하는 것은 지지知至와 지종知終
바람 부는 태허太虛와 접문接吻한다
캄캄한 구천九泉에 관통貫通한다

내 모든 것을 보았지만
말하지 않는다
천하언재天何言哉시리오 천하언재天何言哉시리오

원근법

차차로 멀어지는 것도 있고
가까이 닥아 오는 것도 있다
지금 겨울도 아니고
봄이랄 수도 없는 곳
아버지 할아버지를 우러러 모시고
아들 손자를 거느리는 중간에 서서
슬픈 것은 무엇인가
저녁노을 앞에 눈물
몇 방울 흘리는 것은
형제는 칠촌 팔촌 멀어져 가고
한 발 앞의 시내를 격하고
비좁은 가슴을 가르는
휙 불며 지나가는 바람
슬픈 이별을 바라보며
위안 받을 수 없구나
이제 멀어지는 것은 멀어지고
가까워지는 것은
피할 수 없는 이별 뿐이구나

풀베기

원래 먼 할아버지는 유목민이었다
산줄기 아래 양을 쳤을 게다
말을 타고 동복銅鍑을 싣고 더 멀리 떠돌았을 게다
나의 할아버지는 농경인이었다
나무 심고 씨 뿌렸으니
대대로 터 잡고 살아 오셨으니
대나무 감나무 울울한 산을 이루시고
그 아래 살아 오셨으니
칡장수로 타관땅 떠돌아도
어데로 가서 무엇을 하다가도
고향 이야기 하면 눈물이 흘렀으니
어머니 생각만 나면 눈물이 흘렀으니
봄에 갈고 씨 뿌리는 농경인이지
고향이 있는 농사꾼
아들은 손자는 다시 유목민이 되고 있다
말 대신 자동차 비행기 타고
떠도는 유목민
고향을 물으면 할아버지 사시던 곳 모르고
아버지 사시던 곳이 고향인 줄만 안다

유목민에게 고향이 있으랴
떠돌다가 동가식 서가숙 하다가
부평초도 살고 해파리도 살더라고
지치거든 고향으로 오너라
떠돌다가 정착한 할아버지가 살던 곳 기억해두고
힘들거든 고향으로 돌아 오너라
고향 산 언덕에 올라
할아버지가 따던 머루나 다래가 열리는 곳
모깻불 평상에 누어서 별을 헤아려 보아라
고향의 품에 안겨 보면
그 곳에 평화가 있을 것이다
나는 오늘 할아버지의 농장에 풀을 벤다

풍경

지나가면서 보이는 모습을
풍경이라 하는가
밀폐된 공간이 있다
나만 살고 있는 곳
푸르고 맑은 세상 속에서
깊고 깊어
쌓이고 감추어진 것이 있다
문 하나 열면 보일 것 같지만
보고도 말하지 못하는
울고 싶어도 욕지거리를 씹으며
해가 저무는
밀실 속 노래를 부른다
높은 은유의 방
아무도 모르는 언어로
기록하는 풍경
아주 적막한 밀실

탁영대濯纓臺에 올라

너무 멀어 천왕봉은 보이지 않는다
저 맑은 물에
큰 선비들 덕산으로 들어가다
갓끈을 씻었다

    西來方丈最初曲 已識冥翁强半心
  서쪽 방장산으로 가는 첫째 굽이
  남명선생의 마음 이미 반쯤은 알겠네
면우선생은 여기서
반굴원처럼 길게 어부사를 썼다

    九曲峰前德有村 川流東放正開門
  구곡봉 아래 덕인이 살던 마을이 있는데
  시냇물 동으로 흘러 정면에 문을 열었네
겸재 하홍도는 더 오래전에 시를 썼다

    後世果鳥知何如鳥耶
  날아 가버린 새와 같아서
  후세에 그 새가 무슨 새인지 어찌 알겠는가

남명선생이 불일폭포 인근 바위에 새긴
이름들을 보고 한 말이다

아 탁영대에 홀로 올라 내
무슨 흔적을 쫓고 있는가
물은 쉬지 않고 흐른다

서평

지리산골 후문학파 시인의 詩
조종명의 『우루목 悲歌』 읽기

강희근
(시인, 경상대학교 명예교수)

1.

조종명 시인은 지리산골 삼장면 대포리에 살면서 때로는 선비, 때로는 지역유지, 때로는 겸업농군으로 일생을 보내온 사람이다. 그는 진주고등학교 재학시절 강동주, 고재곤 등과 『녹색의 지표』라는 3인 시집을 낸 바 있지만 다른 두 사람은 지역에서 소정의 활동을 해온 반면 그는 이들보다 약간 뒤쳐져 작품을 쓰기 시작하여 산청에서 문인협회 회장을 지냈다. 인생 중반에 두두룩한 체험의 망태를 어깨에 짊어지고 산삼을 캘 수 있을까, 휘파람 불며 시를 써온 낙천가이기도 했다. 그런데, 이 3집에서 조종명 시인은 시가 가는 길로 제대로 들어서서 시인이 사는 산골의 삶을 시작품의 리

듬 위에 그대로 얹어 놓는 진경을 보이고 있다. 이제 그가 사는 산골 삼장면은 시의 시골이 아니다. 시의 궁벽진 낙후의 마을도 아니다. 그가 있는 그곳이 이른바 문학도시이거나 시심의 수도가 되고 있다.

2.

조종명 시인은 우리나라 문단에서 볼 때 '선인생-후문학파', 곧 후문학파에 속한다고 볼 수 있다. 인생 전반기를 살고난 뒤 장년기쯤에 문학의 물꼬를 틔워가는 문인을 필자는 후문학파라 지칭해 왔다. 일테면 소설가 이병주, 김준성 같은 분, 시인으로 박준영, 성종화 같은 분을 두고 그렇게 일컬을 수 있다.

그런데 조시인은 문맥도 없고 학맥도 없는 시인이다. 스승은 누구이며 문파는 어디에 연결되는가, 오직 지리산이고 그의 선조 남명 조식이 있을 뿐이다. 오늘의 계보로 치면 계보가 없는 편이다. 이렇게 계보가 없는 사람들이 후문학파들이다. 조시인은 스스로 한학을 하면서 문리를 깨치고 남명 선생을 모시는 〈덕천서원〉의 내임을 맡아 동분서주 해왔다. 그러므로 그는 남명의 〈敬義〉정신으로 무장한 시인이라고 보면 될 것이다. 서시 〈시론〉을 보자.

잠들지 못하는 사람은
시를 쓴다
문을 꼭 닫고 들어 누워도
칠십년은 먼 곳으로 가고 없고
머리맡 자리끼가 얼어 갈증 난 가슴만
답답하다
지친 몸으로
걸어온 길과
보이는 것은 모두 어긋났다
대밭엔 푸드득 선잠 깬 까마귀 날아가고
은행나무 꼭대기 집을 얹은
까치가 쌓은 시간은
전설이 되어 덧없다
내 이름 석 자와 생몰일은
우리 집 족보에나 남겠지

- 정유 춘 晩樂齋에서

시를 쓰면서 만년을 보내는 근황이 자연스레 들어나 있다. 그가 선비정신을 따르는 것은 남명선생의 가르침을 가르치는 자리에 설 때가 많기 때문이다. 그가 덕천서원의 내임으로 선비학당에서 남명의 정신을 일깨우는 역할을 하면서 자기도 모르는 사이 선비의 자리에 서는 것일 터이다. 그는 시인의 자리를 깔고 사는데 만년은 덧없이 흘러가고 곧 떠나야 하는 고비를 맞이하며 '생몰일'은 족보에나 남을 것이라는 표명은 유가풍의 삶이 몸에 배인 것이라 할 수 있겠다. 그래도 그는 스스로의 당호를 〈만락재〉라고 하지 않는가. 느즈막을 즐기며 산다는 것이 넉넉해 보인다. 〈만락재 序〉를 보자.

> 하늘을 우러르면 부끄럽고
> 효제충신은 후회만 남았습니다
> 기른 덕이 없어서 세상에
> 끼칠 것도 없습니다
> 혹 보인(輔仁)할 어진 벗이 찾아오려는지
>
> 세상을 위해 무슨 사업을 하였는가
> 이제 이 집에서 조상을 정성들여 모시고
> 독선기신(獨善其身) 하렵니다
> 자식들이 내 뜻을 깨달아
> 즐기는 것이 무엇인지 알아주기 바랄 뿐
> 　　　　　－〈만락재 서〉에서

인용시는 '만락재' 당호를 짓고 그 의미를 새기는 뜻을 담은 시다. 당호에서 중심이 되는 말은 '효제충신'

'독선기신'이다. 부모에 효도하고 형제에 우애하고 나라에 충성하고 벗에게 신의를 지키는 것, 그리고 오직 자기 한 몸의 선업을 닦는 것이다. 뒷부분 독선기신이 남명의 '敬義'정신의 '경'을 다지는 것이고 앞부분 효제충신이 '의'를 실천하는 것으로 뭉뚱그려 볼 수 있다. 물론 세부적인 의미로 들어서면 앞뒤가 분별되는 것이 아니라 서로 얼마큼씩 섞여 있는 개념일 수 있을 것이다. 주목해야 할 대목은 "하늘을 우러르면 부끄럽고"이다. 선비정신의 하나는 부끄러움을 아는 것이다. 이것이 실천의 동력이 되는 것이다. 부끄러운 일을 선비는 하는 것이 아니라 부끄럽지 않은 일을 하는 자에게 붙여지는 이름이다. 덕이 없다는 것, 어짐이 없다는 것, 조상을 정성으로 모시지 못했다는 것 등이 부끄럽다는 것이다. 그 부끄러움이 자식들에게 전이가 되고 실천의 동력을 얻어갈 수 있는 떳떳한 선비의 후예가 되기를 바라마지 않는 것이다. 그런데 윤동주는 그 부끄러움의 미학을 시에서 보여준 정서적 선비임에 분명하다. 요즘 탄생 100주년에 안팎에서 그를 기리는 단체와 개인이 폭발적으로 늘어나는 것은 무슨 의미일까, 조종명 시인에 연결하여 곰곰 새겨볼 필요가 있다 하겠다.

3.

조시인은 후문학파로 노령의 오달한 경지를 보여준다. 그냥 툭 툭 사물을 건드리면 시가 된다.

> 티끌 먼지가 날아 앉기 전의 새순은
> 모두가 보약이라 하나
> 생명을 뜯어먹는 업보로
> 약을 먹으며 여름을 맞아야 한다네
> 아들놈이 보약을 지어주며
> 손발이 차다고
> 따뜻한 저의 손으로 내 손을 잡는다
> 보약을 먹어야 한다는 것은
> 죽음이 가까이 오고 있다는 것
> 생로병사를 누가 거역하겠는가
> 산무더기 같은 업을 짊어지고
> 꺾어도 피어나는 고사리를 꺾는다
> 사는 것이
> 여관에 자고 가는 것 같단다
> ―〈고사리를 꺾으며〉 전문

인용시는 노령의 시인이 아니고서는 쓸 수 없는 시다. 한 줄 한 줄이 노년에 겪는 체험에 닿아 있다. 담담히 노년을 받아들이고 있다. "보약을 먹어야 한다는 것은/ 죽음이 가까이 오고 있다는 것"이라든가 "산무더기 같은 업을 짊어지고"라든가 하는 대목이 받아들임의 자세가 잡혀 있는 것이다. 그러면서도 "꺾어도 피어나는 고사리를 꺾는다."는 것이다. 끝줄에 "사는 것이/ 여관에 자고 가는 것 같단다"라 하여 삶의 '무위함'이랄까 '무상함'이랄까를 예사로운 화법으로 기술하고 있다. 그 맥락 속에 세월이 자리 잡아 어느새 틈을 내고 당연한 듯이 들어가 있다. 인간으로서는 어찌해 볼 수 없는 영역임을 자인하고 있는 셈이다. 이 시 끝에 바로 유언 같은 것이 놓여도 거부감 없는 수사가 되지 싶다. 조 시인은 시를 쓴다기보다 받아 적거나 배열하는 것이라는 느낌을 준다. 그만큼 자연에 상응하는 세계를 만들어 간다.

    나무 위에서
    좀 불안한 위치에서 바라보이는 것은
    물 갈림이 구불구불한 능선
    그 너머 천왕봉 쪽은 눈이 왔을 게다
    회색 구름이 반원을 그리고 덮여 있는 것을 보면

    조금씩 불어오는 한기가
    나무 위에 걸려 있는 몸을 싸고 돈다

그 장대 그 망태 그 나무
백년을 따내어도 열리는 것
텅빈 곳을 찔러 꺾어 내리는 일

비바람이 교차하며 한없이 시간은 가고
풀은 자라서 드러눕고 풀씨들은 다음 생을 위한
이주를 시작한다

눈이 온다는 소식이 멀리서 오면
손은 수확에 바빠
황망히 가지 사이를 헤맨다
　　　　　-〈그 나무 위에서〉 전문

　인용시는 나무 위에서 감 따기 하는 이야기를 담고 있다. 나무 위에서 천왕봉 쪽을 바라보고 백년을 따내어도 여전히 열리는 감나무에서 조금씩 불어오는 한기를 느끼고, 멀리 눈이 온다는 기별에 감 따는 손놀림이 황망해지고 있다. 화자는 지리산골 감골 마을에 사는 감철의 농부다. 선비이지만 농사철엔 겸임농부가 된다. 아무리 시골에서 군 의회 의원이거나 농협 조합장이거나 상관없이 선비는 겸임농부다. 대학에 나가는 강사들을 흔히 부르기 좋게 겸임교수라 한다. 현대 한

국에는 교수 호칭 풍년이다. 한때는 사장 호칭이 범람했는데 지금은 강의를 한 시간 하는 듯하면 교수라 부른다. 듣는 사람 좋고 말하는 사람 인정이 있어 좋은 것일까? 그런 것과는 다르게 조 시인은 확고한 실제의 겸임이다. 지리산 산청 언저리에는 감밭이 많다. 감 따는 처녀 노래가 나올 정도로 감을 따고 이어 곶감을 깎는다. 인용시는 그 가을철의 한때를 노래한 시다. 그런 가운데도 화자는 노인임을 그 자각의 시간을 놓지 않는다. 제3연이 그 증거이다. "비바람이 교차하며 한없이 시간은 가고/ 풀은 자라서 드러눕고 풀씨들은 다음 생을 위한/ 이주를 시작한다." 설렁 설렁 일하는 것 같지만 그 속에서 생사를 아우르는 이미지를 만든다. 이 점이 조 시인의 시인된 몫이다.

4.

조시인의 시는 유한한 삶의 기품을 드러낸다. 김종길 교수가 시인 대가의 시에는 풍격이 있다는 말의 그 풍격이다.

사립문도 없는 집
봄볕이 제 맘대로 들어왔다

개가 짖고 잇달아
오토바이 소리가 난다
매화 꽃잎이 흩어진다
바깥세상 일들이
일시에 쏟아져 들어온다

이윽고 새소리가 들린다

동창이 어두워지더니
남창이 밝다
논어 선진편을 읽는다
늦은 봄이 오면
기수에 목욕하고 무우에 바람 쐬고
시 읊으며 돌아오리라
　　-〈늦은 봄날〉 전문

　인용시는 늦은 봄날 어느 하루의 일상이다. 봄날의 글 읽기로 격 있는 선비의 일상을 드러낸다. 사립문도 없는 집의 자유로움이 인상적이다. 문으로 세상일들이 일시에 쏟아져 들어오고 새소리가 나고 화자는 논어 선진 편을 읽는다. 공자가 제자들의 어진 모습에 대한 가르침을 주는 대목이 선진편이다. 일상이 한꺼번에 들어오더라도 지키고 가꿀 것은 가꾸어 가야 함을 말

하고 있다. 그렇다고 영악한 세상에 대한 훈련이 아니라 명예를 버리고 기수에 목욕하고 무우에 한가히 거니는 유한한 삶으로 유유자적하는 격이요 가치로운 희망을 논하는 것이다. 선비는 귀거래 하여도 글을 읽고 품위를 지키고 가치를 가꾸는 삶이 긴요하다. 그런 중심을 잡아서 사는 화자는 그러므로 대가이다. 골짜기와 능선이 경관인 심심유곡에 놓이더라도 인간은 인간이 낸 유한한 길을 따라가는 것이 옳다.

> 산은 제 마음대로 푸르르고
> 그 속 어디쯤서 뻐꾸기가 운다
> 콩밭 두렁에 앉은 노인은
> 비둘기와 싸운다
> 새벽부터 울리던 이장네집
> 감나무 농약 치는 전동기 소리 그치자
> 건너 마을 집들은 나무 그늘 속에서 나온다
> 먼 어느 마을에서 수탉이 목을 길게 뽑는다
> 감나무 잎이 간간히 흔들린다
> 문득 따다구리가 아침때를 알린다
> 비둘기 세 마리가 살금살금 기어와 콩을 쫀다
> 깡통을 두드리는 소리가 골을 울린다
> 노인은 맹자 고자편을 읽다가
> 대 막대를 두드린다

읍궁대(泣弓臺) 쪽에서 안개가 일더니
병산(屛山)을 다 덮어
초록색 바탕에 희게 환칠을 놓는다.

-〈망종 무렵〉 전문

*읍궁대: 조명훈(1763-1832)이 영조가 승하하자 이 대에 올라 3년동안 궁궐을 향해 망곡했다.
*병산: 삼장 대포리 건너편의 산 이름

 인용시는 비둘기 보는 노인의 아침 정서를 노래한 시다. 콩밭 두렁에 앉아 있는 화자는 노인이다. 그러면서도 격이 있다. 이 시는 노인의 겸업이 농업이고 선비는 본직이다. 아침 깨어나는 지리산 깊숙한 마을의 총체적 풍경이 그려져 있다. 맹자 〈고자편〉을 읽고 있는 선비는 귀거래사를 읊는 시인이다. 고자편은 하늘이 사람에게 장차 큰일을 맡기려 할 적에 먼저 그 마음을 괴롭히고 그 몸을 지치게 하고 생활을 궁핍하게 하여 그로인해 인내심을 기르게 하는 의도라는 것이 적혀 있다. 시대를 어렵게 만난 조명훈이 궁궐을 향해 망곡하는 일을 떠올리는 노인! 화자는 망종 무렵의 근심이 그토록 깊은 데 있음을 암시한다. 비둘기가 콩을 쪼는 데 마음이 가 있는 것처럼 보이지만 그의 속내는 시대의 깊이가 삶의 중심을 두드리고 있는 것이라는 점이다. 시인은 그러므로 지리산 삼장 대포리에 있지만 그가 있는 곳이 시대이고 국가다. 격이 그런 용량이다. 남명이 스스로를 두류산 덩어리에 비유한 지리산 시편 "하늘이 울어도 울지 않는 종"이 어디가 있는 것이 아니라 노인의 무게로 와 있다!

5.

조종명 시인은 이처럼 후문학파에 걸맞게 정서가 무르익은 노경의 깊이와 넓이를 아우르고 있는 시인임을 알 수가 있다. 그런 반면에 〈우루목 비가〉나 〈진단 여행〉 같은 민족적 서사를 드러내는 장시를 쓰고 있음을 주목하지 않을 수 없다. 이 역시 시인으로서의 스케일이 단순 서정에만 머물지 않고 장중한 세계나 근원에 대한 역사를 궁구하는 종합적인 안목을 갖춘 시인임을 확인해 주는 점이 된다.

그러나 조 시인이 우리를 끝까지 잡고 놓지 않는 것은 무엇보다 노경에 이른 서정의 구수하고 화사한 언어 구사력이요 사물의 안배와 직관에서 오는 일상의 형상화 솜씨가 아닐 수 없다. 필자는 이번 시집을 읽으며 시종 시편 읽기의 즐거움에 빠져 있었다. 어참,

그렇고, 하참, 무릎을 치고 싶네, 어, 산청에 삼장면에 옳은 시인 한 분 계시는구나! 갑자기 살맛이 나는 것을 느낄 수 있었다. 독자들께서도 시편들 읽으시고 박수 쳐 주시리라 믿는다.

조종명 시집

우루목 비가悲歌

2017년 9월 20일 초판 인쇄
2017년 9월 25일 초판 발행

지은이 / 조종명
발행인 / 강석호

발행처 / 도서출판 교음사
편집 / 수필문학사 출판부

03147 서울 종로구 삼일대로 457 수운회관 1308호
Tel (02) 737-7081, 739-7879(Fax)
e-mail gyoeum@daum.net

등록 / 제300-2007-52호

* 잘못된 책은 바꾸어 드립니다. 값 10,000 원

ISBN 978-89-7814-713-2 03810

이 도서의 국립중앙도서관 출판예정도서목록(CIP)은 서지정보유통지원시스템 홈페이지
(http://seoji.nl.go.kr)와 국가자료공동목록시스템(http://www.nl.go.kr/kolisnet)에서
이용하실 수 있습니다. (CIP제어번호 : CIP2017024535)

후원

 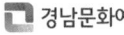